French Reading Comprehension Texts: Beginners - Book Two

French Reading Comprehension Texts for Beginners

Mikkelsen Dubois

Published by Mikkelsen Dubois, 2023.

While every precaution has been taken in the preparation of this book, the publisher assumes no responsibility for errors or omissions, or for damages resulting from the use of the information contained herein.

FRENCH READING COMPREHENSION TEXTS: BEGINNERS - BOOK TWO

First edition. April 25, 2023.

ISBN: 979-8223714507

Written by Mikkelsen Dubois.

Table of Contents

How to Use This French Reading Comprehension Book

Step 1: Choose the Right Text Level

The first step in doing a French reading comprehension exercise is to choose the right text level. The text should be appropriate for the learner's level and interests. For beginners, texts with simpler vocabulary and shorter sentences are ideal. For more advanced learners, more complex texts can be used. Mikkelsen Dubois offers French Reading Comprehension Texts in different levels - beginner, intermediate and advanced, as well as First Steps for new language learners. It's also important to choose a text that is interesting to the learner. This can help to keep them engaged and motivated, which is crucial for language learning success. Texts on topics like history, culture, and current events can be particularly engaging for learners. Every Mikkelsen Dubois Reading Comprehension Book contains texts on a variety of different topics.

Step 2: Read the Text

Once a suitable text has been chosen, the learner should read it carefully. They should focus on understanding the meaning of the text and how the words and phrases are used in sentences. It's also important to pay attention to the structure of the sentences and the use of grammar. When reading the text, learners should try to read as much as they can without stopping to look up words in a dictionary. This can help to improve their overall comprehension skills and develop their ability to understand the text in context.

Step 3: Analyze the Text

After reading the text, the learner should analyze it to deepen their understanding. This involves paying attention to the structure of the sentences, the use of grammar, and the context in which words are used. Learners can ask themselves questions about the text to help them analyze it more deeply.

For example, they could ask themselves:

What is the main idea of the text?

What is the purpose of the text?

What is the tone of the text?

What new words or phrases have I learned from the text?

What new grammar structures have I learned from the text?

By analyzing the text in this way, learners can develop a more comprehensive understanding of the text and improve their comprehension skills. Making a note of new vocabulary, grammar and sentence structure will help the learner in this analysis and support the learning process.

Step 4: Answer the Questions

The next step in doing a French reading comprehension exercise is to answer the questions. In every Mikkelsen Dubois French Comprehension Book, questions are provided with the text. These questions are designed to test the learner's understanding of the text and their ability to apply their knowledge of French vocabulary and grammar. Learners should answer the questions as thoroughly and accurately as possible, using their knowledge of French vocabulary and grammar.

Step 5: Check Answers

After answering the questions, the learner should check their answers. This involves reviewing their responses and ensuring that they are accurate and complete. If the learner has made mistakes, they should try to identify the areas where they need to improve their understanding. This could involve reviewing specific vocabulary or grammar structures or practicing their comprehension skills with more texts.

Step 6: Review and Practice

The final step in doing a French reading comprehension exercise is to review and practice. This involves reviewing the text and the questions and identifying areas for improvement. Learners should use the reading comprehension exercise as a learning tool to improve their comprehension skills and develop their knowledge of French vocabulary and grammar. By regularly practicing with different types of texts and using strategies like taking notes, analyzing the text, and asking questions, learners can improve their comprehension skills more quickly.

Text One

Read the following French comprehension text carefully.

Then answer the questions using the information provided in the text.

Try to answer in full sentences and pay attention to your spelling and grammar.

Once you have answered all the questions, check your answers with the suggested answers.

<u>Ma Famille</u>

Bonjour, je m'appelle Sophie et j'ai une famille merveilleuse. J'ai un papa, une maman, une grande sœur et un petit frère. Mon papa est médecin et ma maman est enseignante. Ma grande sœur étudie à l'université et mon petit frère est en primaire. Nous aimons passer du temps ensemble en faisant des activités comme regarder des films, faire du vélo ou jouer à des jeux de société. Nous aimons aussi voyager et découvrir de nouveaux endroits. Mon papa adore cuisiner et nous prépare souvent des plats délicieux pour le dîner. Ma maman est très organisée et nous aide à nous préparer pour l'école. J'aime ma famille plus que tout au monde.

Questions

1. Comment s'appelle la narratrice ?
2. Qui fait quoi dans sa famille ?
3. Quelles activités la famille aime-t-elle faire ensemble ?
4. Qu'est-ce que le papa de Sophie aime faire ?

Answers

1. La narratrice s'appelle Sophie.
2. Le papa de Sophie est médecin et sa maman est enseignante. Sa grande sœur étudie à l'université et son petit frère est en primaire.
3. La famille aime regarder des films, faire du vélo et jouer à des jeux de société ensemble. Ils aiment également voyager et découvrir de nouveaux endroits.
4. Le papa de Sophie adore cuisiner et prépare souvent des plats délicieux pour le dîner.

Text Two

Read the following French comprehension text carefully.

Then answer the questions using the information provided in the text.

Try to answer in full sentences and pay attention to your spelling and grammar.

Once you have answered all the questions, check your answers with the suggested answers.

<u>Découvrir l'Alsace</u>

L'Alsace est une région située dans l'est de la France, près de la frontière allemande. Elle est connue pour sa riche histoire et sa culture unique. L'Alsace a été le théâtre de nombreux conflits au fil des siècles, et sa culture est une fusion de la culture française et allemande. L'architecture alsacienne est également célèbre, avec ses maisons à colombages colorées et ses églises gothiques. La gastronomie alsacienne est également renommée, avec des plats tels que la choucroute, la tarte flambée et le vin blanc alsacien. Les villes les plus connues de l'Alsace sont Strasbourg, Colmar et Mulhouse, chacune offrant leur propre charme et leur propre histoire.

Questions

1. Où se trouve l'Alsace ?
2. Qu'est-ce qui rend la culture alsacienne unique ?
3. Quel est le style d'architecture célèbre en Alsace ?
4. Quels sont quelques plats alsaciens populaires ?
5. Quelles sont les villes les plus connues de l'Alsace ?

Answers

1. L'Alsace se trouve dans l'est de la France, près de la frontière allemande.
2. La culture alsacienne est unique car elle est une fusion de la culture française et allemande.
3. Le style d'architecture célèbre en Alsace est les maisons à colombages colorées et les églises gothiques.
4. Quelques plats alsaciens populaires sont la choucroute, la tarte flambée et le vin blanc alsacien.
5. Les villes les plus connues de l'Alsace sont Strasbourg, Colmar et Mulhouse.

Text Three

Read the following French comprehension text carefully.

Then answer the questions using the information provided in the text.

Try to answer in full sentences and pay attention to your spelling and grammar.

Once you have answered all the questions, check your answers with the suggested answers.

<u>Georges Seurat</u>

Georges Seurat était un artiste français du 19ème siècle, connu pour avoir développé une technique de peinture appelée pointillisme.

Le pointillisme est une technique qui consiste à peindre en utilisant de petits points de couleur, qui se fondent dans l'œil du spectateur pour créer une image complète. Les peintures de Seurat sont souvent des scènes de la vie urbaine, peintes avec des couleurs vives et des détails minutieux. Son œuvre la plus célèbre est "Un dimanche après-midi à l'île de la Grande Jatte", qui est maintenant exposée au Art Institute de Chicago. Seurat a également influencé de nombreux autres artistes, y compris les membres du mouvement fauviste.

Questions

1. Qui était Georges Seurat
2. Quelle est la technique de peinture qu'il a développée ?
3. Quel est le sujet commun de ses peintures ?
4. Quelle est son œuvre la plus célèbre ?
5. Quel autre mouvement artistique a-t-il influencé ?

Answers

1. Georges Seurat était un artiste français du 19ème siècle.
2. Il a développé une technique de peinture appelée pointillisme.
3. Le sujet commun de ses peintures est la vie urbaine.
4. Son œuvre la plus célèbre est "Un dimanche après-midi à l'île de la Grande Jatte".
5. Il a influencé le mouvement fauviste et de nombreux autres artistes.

Text Four

Read the following French comprehension text carefully.

Then answer the questions using the information provided in the text.

Try to answer in full sentences and pay attention to your spelling and grammar.

Once you have answered all the questions, check your answers with the suggested answers.

<u>Jeanne d'Arc</u>

Jeanne d'Arc était une héroïne française du 15ème siècle, connue pour avoir mené les troupes françaises à la victoire pendant la guerre de Cent Ans contre les Anglais. Née dans une famille paysanne, Jeanne a affirmé avoir entendu des voix divines qui lui ont demandé de libérer la France de l'occupation anglaise. Elle a convaincu le dauphin Charles VII de la soutenir dans sa mission, et a mené plusieurs batailles victorieuses. Malheureusement, elle a été capturée par les Anglais et brûlée vive à Rouen en 1431. Elle a été béatifiée en 1909 et canonisée en 1920. Aujourd'hui, Jeanne d'Arc est un symbole de l'héroïsme et de la patriotisme français.

Questions

1. Qui était Jeanne d'Arc ?
2. Qu'est-ce qu'elle a accompli pendant la guerre de Cent Ans ?
3. Que s'est-il passé après sa capture ?
4. Pourquoi Jeanne d'Arc est-elle un symbole important pour les Français ?

Answers

1. Jeanne d'Arc était une héroïne française du 15ème siècle.
2. Elle a mené les troupes françaises à la victoire pendant la guerre de Cent Ans contre les Anglais.
3. Après sa capture, elle a été brûlée vive à Rouen en 1431.
4. Jeanne d'Arc est un symbole important pour les Français en raison de son héroïsme et de son patriotisme.

Text Five

Read the following French comprehension text carefully.

Then answer the questions using the information provided in the text.

Try to answer in full sentences and pay attention to your spelling and grammar.

Once you have answered all the questions, check your answers with the suggested answers.

L'automne en France

L'automne en France est une saison qui est souvent appréciée pour ses couleurs chaudes et ses températures agréables. Les feuilles des arbres changent de couleur, passant du vert au jaune, orange et rouge, avant de tomber au sol. Les champs sont récoltés et les citrouilles sont vendues sur les marchés en préparation pour Halloween. Les arbres fruitiers donnent leurs derniers fruits de l'année, tels que les pommes et les poires, et les vignerons récoltent le raisin pour faire du vin. Les soirées se rafraîchissent et les manteaux et les écharpes font leur retour dans les rues. En bref, l'automne est une saison riche en couleurs et en activités en France.

Questions

1. Qu'est-ce qui se passe avec les feuilles des arbres en automne ?
2. Quels fruits sont récoltés en automne en France ?
3. Qu'est-ce qui est vendu sur les marchés en préparation pour Halloween ?
4. Comment les soirées changent-elles en automne ?

Answers

1. Les feuilles des arbres changent de couleur, passant du vert au jaune, orange et rouge, avant de tomber au sol.
2. Les pommes et les poires sont récoltées, et les vignerons récoltent le raisin pour faire du vin.
3. Les citrouilles sont vendues sur les marchés en préparation pour Halloween.
4. Les soirées se rafraîchissent et les manteaux et les écharpes font leur retour dans les rues.

Text Six

Read the following French comprehension text carefully.

Then answer the questions using the information provided in the text.

Try to answer in full sentences and pay attention to your spelling and grammar.

Once you have answered all the questions, check your answers with the suggested answers.

<u>Les éclairs, une pâtisserie française délicieuse</u>

Les éclairs sont une pâtisserie française classique, qui consiste en une pâte à choux fourrée de crème pâtissière et recouverte de glaçage au chocolat. Les éclairs peuvent également être garnis de crème au café, de caramel, de vanille et d'autres saveurs. Cette pâtisserie est populaire dans le monde entier et peut être trouvée dans de nombreuses boulangeries et pâtisseries en France. Les éclairs ont été inventés au XIXe siècle par le chef pâtissier français Antonin Carême. Depuis lors, ils sont devenus une partie intégrante de la cuisine française et sont appréciés pour leur goût délicieux et leur apparence élégante.

Questions

1. Qu'est-ce qu'un éclair ?
2. Comment sont garnis les éclairs ?
3. Où peut-on trouver des éclairs en France ?
4. Qui a inventé les éclairs ?
5. Pourquoi les éclairs sont-ils populaires ?

Answers

1. Un éclair est une pâtisserie française qui consiste en une pâte à choux fourrée de crème pâtissière et recouverte de glaçage au chocolat.
2. Les éclairs peuvent être garnis de crème au café, de caramel, de vanille et d'autres saveurs.
3. Les éclairs peuvent être trouvés dans de nombreuses boulangeries et pâtisseries en France.
4. Les éclairs ont été inventés au XIXe siècle par le chef pâtissier français Antonin Carême.
5. Les éclairs sont populaires pour leur goût délicieux et leur apparence élégante.

Text Seven

Read the following French comprehension text carefully.

Then answer the questions using the information provided in the text.

Try to answer in full sentences and pay attention to your spelling and grammar.

Once you have answered all the questions, check your answers with the suggested answers.

<u>La Défense : Le quartier des affaires de Paris</u>

La Défense est un quartier situé à l'ouest de Paris, connu pour ses imposantes tours et son architecture moderne. C'est le plus grand quartier d'affaires de France, abritant des sièges sociaux de nombreuses entreprises nationales et internationales. La Grande Arche, une structure en forme d'arc de triomphe moderne, est l'un des symboles les plus célèbres de La Défense. Les visiteurs peuvent également profiter des espaces verts du quartier, notamment le parc de l'île de la Jatte.

Questions

1. Où se trouve La Défense ?
2. Qu'est-ce que la Grande Arche ?
3. Est-ce qu'il y a des espaces verts à La Défense ?
4. Quel est le parc que les visiteurs peuvent explorer à La Défense ?

Answers

1. La Défense est située à l'ouest de Paris.
2. La Grande Arche est une structure en forme d'arc de triomphe moderne.
3. Oui, il y a des espaces verts à La Défense.
4. Les visiteurs peuvent explorer le parc de l'île de la Jatte à La Défense.

Text Eight

Read the following French comprehension text carefully.

Then answer the questions using the information provided in the text.

Try to answer in full sentences and pay attention to your spelling and grammar.

Once you have answered all the questions, check your answers with the suggested answers.

<u>Georges Pompidou, président de la République française</u>

Georges Pompidou était un homme politique français qui a été président de la République française de 1969 jusqu'à sa mort en 1974. Il est né en 1911 dans une famille bourgeoise. Après des études à l'École normale supérieure, il a enseigné à l'université de Paris. Il a ensuite travaillé dans l'administration française avant de devenir conseiller du général de Gaulle en 1958. Il a occupé plusieurs postes ministériels avant d'être élu président en 1969.

Sous sa présidence, la France a connu de grands changements, notamment dans les domaines de la culture et de l'économie. Il a créé le Centre Georges Pompidou à Paris, qui est aujourd'hui l'un des musées d'art contemporain les plus importants au monde.

Questions

1. Qui était Georges Pompidou ?
2. Quels étaient ses domaines d'intérêt ?
3. Qu'a-t-il créé à Paris ?

Answers

1. Georges Pompidou était un homme politique français qui a été président de la République de 1969 à 1974.
2. Ses domaines d'intérêt étaient la culture et l'économie.
3. Il a créé le Centre Georges Pompidou à Paris, qui est un musée d'art contemporain.

Text Nine

Read the following French comprehension text carefully.

Then answer the questions using the information provided in the text.

Try to answer in full sentences and pay attention to your spelling and grammar.

Once you have answered all the questions, check your answers with the suggested answers.

<u>Edith Piaf, la Môme de la chanson française</u>

Edith Piaf était une célèbre chanteuse française connue sous le nom de "La Môme Piaf". Elle est née à Paris en 1915 et a commencé sa carrière de chanteuse de rue avant de devenir une star de la chanson. Ses chansons parlent souvent d'amour et de peine, et elle est connue pour sa voix unique et émotionnelle. Elle a également joué dans des films et a été une figure emblématique de la culture française.

Questions

1. Qui était Edith Piaf ?
2. Comment a-t-elle commencé sa carrière de chanteuse ?
3. De quoi parlaient souvent ses chansons ?
4. Quel était le rôle d'Edith Piaf dans la culture française ?

Answers

1. Edith Piaf était une célèbre chanteuse française connue sous le nom de "La Môme Piaf".
2. Edith Piaf a commencé sa carrière de chanteuse de rue.
3. Ses chansons parlaient souvent d'amour et de peine.
4. Edith Piaf était une figure emblématique de la culture française.

Text Ten

Read the following French comprehension text carefully.

Then answer the questions using the information provided in the text.

Try to answer in full sentences and pay attention to your spelling and grammar.

Once you have answered all the questions, check your answers with the suggested answers.

<u>Découvrir Tahiti : Une île paradisiaque</u>

Tahiti est une île française située dans l'océan Pacifique. Connue pour ses plages de sable blanc, ses eaux turquoise et ses montagnes verdoyantes, Tahiti est une destination de rêve pour les amoureux de la nature et les amateurs de sports nautiques. La population locale, appelée les Tahitiens, est chaleureuse et accueillante.

La langue officielle de Tahiti est le français, mais la plupart des habitants parlent également le tahitien, une langue polynésienne. La cuisine locale est délicieuse, avec des plats à base de poisson cru mariné dans du jus de citron vert, appelé "poisson cru", et des plats à base de taro, un légume-racine.

Si vous visitez Tahiti, ne manquez pas les jardins de Vaipahi, le musée de Tahiti et des Îles, et le marché de Papeete. Vous pourrez également faire de la randonnée dans la vallée de Papenoo et assister à un spectacle de danse traditionnelle.

Questions

1. Où se trouve Tahiti ?
2. Pourquoi Tahiti est-elle une destination populaire ?
3. Quelle est la langue officielle de Tahiti ?
4. Quel est le plat local à base de poisson cru ?
5. Quels sont les endroits à visiter à Tahiti ?

Answers

1. Tahiti est une île française située dans l'océan Pacifique.
2. Tahiti est une destination populaire en raison de ses plages de sable blanc, de ses eaux turquoise et de ses montagnes verdoyantes.
3. La langue officielle de Tahiti est le français.
4. Le plat local à base de poisson cru est appelé "poisson cru".
5. Les endroits à visiter à Tahiti sont les jardins de Vaipahi, le musée de Tahiti et des Îles, le marché de Papeete, la vallée de Papenoo et les spectacles de danse traditionnelle.

Text Eleven

Read the following French comprehension text carefully.

Then answer the questions using the information provided in the text.

Try to answer in full sentences and pay attention to your spelling and grammar.

Once you have answered all the questions, check your answers with the suggested answers.

<u>Les voitures électriques</u>

Les voitures électriques sont des véhicules qui fonctionnent avec un moteur électrique alimenté par une batterie rechargeable. Contrairement aux voitures à essence, elles ne produisent pas de gaz d'échappement polluants et sont plus silencieuses. Les voitures électriques peuvent être rechargées à domicile à l'aide d'une prise de courant ou dans des stations de recharge publiques.

Les avantages des voitures électriques sont nombreux, notamment leur faible coût de fonctionnement, leur impact environnemental réduit et leur conduite plus silencieuse et plus fluide. Cependant, il y a aussi des inconvénients tels que la durée de vie limitée de la batterie, le temps de recharge long et la disponibilité limitée de stations de recharge publiques.

Aujourd'hui, de nombreuses marques automobiles proposent des modèles de voitures électriques, telles que Tesla, Nissan, BMW, et bien d'autres. La technologie des voitures électriques est en constante évolution, avec des améliorations continues de la durée de vie de la batterie et des temps de recharge plus rapides.

Questions

1. Comment fonctionnent les voitures électriques ?
2. Quels sont les avantages des voitures électriques ?
3. Quels sont les inconvénients des voitures électriques ?
4. Quelles marques proposent des modèles de voitures électriques ?
5. La technologie des voitures électriques est-elle en constante évolution ?

Answers

1. Les voitures électriques fonctionnent avec un moteur électrique alimenté par une batterie rechargeable.
2. Les avantages des voitures électriques incluent leur faible coût de fonctionnement, leur impact environnemental réduit et leur conduite plus silencieuse et plus fluide.
3. Les inconvénients des voitures électriques sont la durée de vie limitée de la batterie, le temps de recharge long et la disponibilité limitée de stations de recharge publiques.
4. De nombreuses marques automobiles proposent des modèles de voitures électriques, telles que Tesla, Nissan et BMW, entre autres.
5. Oui, la technologie des voitures électriques est en constante évolution avec des améliorations continues de la durée de vie de la batterie et des temps de recharge plus rapides.

Text Twelve

Read the following French comprehension text carefully.

Then answer the questions using the information provided in the text.

Try to answer in full sentences and pay attention to your spelling and grammar.

Once you have answered all the questions, check your answers with the suggested answers.

<u>Une sortie au cinéma</u>

Hier soir, j'ai décidé d'aller au cinéma pour regarder le dernier film à la mode. J'ai appelé mon ami, Thomas, pour qu'il vienne avec moi. Nous sommes arrivés tôt pour acheter des billets et des snacks, puis nous avons pris nos places dans la salle de cinéma.

L'histoire était passionnante et nous avons ri et pleuré avec les personnages. Après le film, nous avons discuté de nos scènes préférées et nous sommes allés prendre un verre dans un café voisin pour prolonger la soirée.

Questions

1. Où est-ce que les personnes sont allées hier soir ?
2. Avec qui est-ce que la personne est allée au cinéma ?
3. Comment les deux amis ont-ils prolongé leur soirée après le cinéma ?

Answers

1. Les personnes sont allées au cinéma.
2. La personne est allée avec son ami, Thomas.
3. Les deux amis ont prolongé leur soirée en prenant un verre dans un café voisin.

Text Thirteen

Read the following French comprehension text carefully.

Then answer the questions using the information provided in the text.

Try to answer in full sentences and pay attention to your spelling and grammar.

Once you have answered all the questions, check your answers with the suggested answers.

<u>La météo d'aujourd'hui</u>

Aujourd'hui, le temps est nuageux avec des averses éparses sur toute la région. La température maximale prévue est de 15 degrés Celsius et la minimale de 10 degrés Celsius. Il y aura également des rafales de vent allant jusqu'à 30 km/h.

Si vous prévoyez de sortir aujourd'hui, il est recommandé de prendre un parapluie avec vous. Les routes peuvent être glissantes en raison de la pluie, alors soyez prudent en conduisant ou en marchant.

Questions

1. Quel est le temps aujourd'hui?
2. Y aura-t-il de la pluie aujourd'hui?
3. Quelle est la température maximale prévue pour aujourd'hui?
4. Devez-vous prendre un parapluie si vous sortez aujourd'hui?

Answers

1. Le temps est nuageux avec des averses éparses.
2. Oui, il y aura des averses éparses sur toute la région.
3. La température maximale prévue est de 15 degrés Celsius.
4. Oui, il est recommandé de prendre un parapluie avec vous si vous sortez aujourd'hui.

Text Fourteen

Read the following French comprehension text carefully.

Then answer the questions using the information provided in the text.

Try to answer in full sentences and pay attention to your spelling and grammar.

Once you have answered all the questions, check your answers with the suggested answers.

<u>La Fête du Travail - Le Premier Mai</u>

Le Premier Mai est la fête du travail en France. Cette journée est également connue sous le nom de Fête du Travail ou Fête des Travailleurs. Elle est célébrée tous les ans le 1er mai, et est un jour férié en France.

Les origines de cette journée remontent à la fin du 19ème siècle. À cette époque, les travailleurs se sont unis pour réclamer des conditions de travail meilleures et plus justes. Le 1er mai 1886, des manifestations ont eu lieu aux États-Unis, pour réclamer la journée de travail de huit heures. Depuis lors, le 1er mai est devenu un symbole de lutte pour les droits des travailleurs.

Aujourd'hui, les syndicats organisent des défilés dans les grandes villes françaises pour célébrer cette journée. Les travailleurs portent des fleurs de muguet, qui sont un symbole de chance et de bonheur en France.

Questions

1. Quand est-ce que la Fête du Travail est célébrée en France ?
2. Quel est le symbole de cette journée en France ?
3. Pourquoi les travailleurs ont-ils commencé à célébrer cette journée ?

Answers

1. La Fête du Travail est célébrée tous les ans le 1er mai en France.
2. Le symbole de cette journée en France est la fleur de muguet.
3. Les travailleurs ont commencé à célébrer cette journée pour réclamer des conditions de travail meilleures et plus justes.

Text Fifteen

Read the following French comprehension text carefully.

Then answer the questions using the information provided in the text.

Try to answer in full sentences and pay attention to your spelling and grammar.

Once you have answered all the questions, check your answers with the suggested answers.

<u>Mon chien, mon meilleur ami</u>

Bonjour ! Je m'appelle Julie et j'ai un chien qui s'appelle Max. Max est un chien très gentil et très fidèle. Il a les yeux marron et le pelage noir et blanc. Il aime jouer à la balle et courir dans le parc. Je l'emmène souvent se promener avec moi.

Max a trois ans et il est très intelligent. Il sait comment s'asseoir, comment donner la patte et comment rouler. Il est aussi très obéissant et écoute quand je lui parle. Je suis très heureuse de l'avoir comme mon meilleur ami.

Questions

1. Comment s'appelle le chien de Julie ?
2. De quelle couleur sont les yeux de Max ?
3. Qu'est-ce que Max aime faire dans le parc ?
4. Combien d'années a Max ?

Answers

1. Le chien de Julie s'appelle Max.
2. Les yeux de Max sont marron.
3. Max aime jouer à la balle et courir dans le parc.
4. Max a trois ans.

Text Sixteen

Read the following French comprehension text carefully.

Then answer the questions using the information provided in the text.

Try to answer in full sentences and pay attention to your spelling and grammar.

Once you have answered all the questions, check your answers with the suggested answers.

<u>Ma famille et moi</u>

Bonjour! Je m'appelle Marie et j'ai 23 ans. Je suis étudiante à l'université et j'habite avec ma famille dans une petite ville en France. Dans ma famille, il y a mes parents, ma sœur et mon frère. Ma mère s'appelle Sophie et elle est professeure de français dans un lycée. Mon père s'appelle Jean et il travaille dans une entreprise. Ma sœur s'appelle Alice et elle a 19 ans. Elle est en deuxième année de médecine. Mon frère s'appelle Thomas et il a 16 ans. Il est en première au lycée.

Questions

1. Comment s'appelle la narratrice?
2. Quel est le métier de la mère de Marie?
3. Quel est le métier du père de Marie?
4. Quel âge a la sœur de Marie?
5. À quelle année est Thomas à l'école?

Answers

1. La narratrice s'appelle Marie.
2. La mère de Marie est professeure de français dans un lycée.
3. Le père de Marie travaille dans une entreprise.
4. La sœur de Marie a 19 ans.
5. Thomas est en première au lycée.

Text Seventeen

Read the following French comprehension text carefully.

Then answer the questions using the information provided in the text.

Try to answer in full sentences and pay attention to your spelling and grammar.

Once you have answered all the questions, check your answers with the suggested answers.

<u>Les couleurs</u>

Le monde qui nous entoure est plein de couleurs. Les couleurs peuvent nous aider à exprimer nos émotions et à ajouter de la beauté à notre vie quotidienne. En français, il y a une variété de couleurs que nous pouvons utiliser pour décrire les objets, les vêtements et les personnes. Voici quelques-unes des couleurs les plus courantes en français :

Rouge : C'est la couleur de l'amour et de la passion. Bleu : C'est la couleur du ciel et de l'eau. Jaune : C'est la couleur du soleil et de la joie. Vert : C'est la couleur de la nature et de l'espoir. Noir : C'est la couleur de la nuit et de l'élégance. Blanc : C'est la couleur de la pureté et de la paix.

Questions

1. De quoi est plein le monde qui nous entoure ?
2. À quoi peuvent nous aider les couleurs ?
3. Combien de couleurs communes en français sont énumérées dans le texte ?
4. Quelle est la couleur de l'amour et de la passion ?
5. Quelle est la couleur de la nuit et de l'élégance ?

Answers

1. Le monde qui nous entoure est plein de couleurs.
2. Les couleurs peuvent nous aider à exprimer nos émotions et à ajouter de la beauté à notre vie quotidienne.
3. Six couleurs communes en français sont énumérées dans le texte.
4. La couleur de l'amour et de la passion est le rouge.
5. La couleur de la nuit et de l'élégance est le noir.

Text Eighteen

———

Read the following French comprehension text carefully.

Then answer the questions using the information provided in the text.

Try to answer in full sentences and pay attention to your spelling and grammar.

Once you have answered all the questions, check your answers with the suggested answers.

<u>Une journée à la plage</u>

C'est l'été et il fait beau! Pauline et ses amis décident d'aller à la plage. Ils préparent leur sac avec des serviettes, des crèmes solaires et des boissons. En arrivant, ils cherchent un endroit pour s'installer. Pauline étale sa serviette sur le sable et se met en maillot de bain. Elle court vers l'eau et commence à nager. Les vagues sont fortes et Pauline adore ça! Après une heure de natation, elle se repose sur sa serviette et mange un sandwich. Elle discute avec ses amis et ils décident de jouer au beach-volley. La journée passe vite et bientôt il est temps de rentrer.

Questions

1. Que fait Pauline en arrivant à la plage?
2. Qu'est-ce qu'elle mange sur sa serviette?
3. Avec qui joue-t-elle au beach-volley?
4. Est-ce que la journée passe vite ou lentement?

Answers

1. Elle étale sa serviette sur le sable et se met en maillot de bain avant de courir vers l'eau et nager.
2. Elle mange un sandwich sur sa serviette.
3. Elle joue au beach-volley avec ses amis.
4. La journée passe vite.

Text Nineteen

Read the following French comprehension text carefully.

Then answer the questions using the information provided in the text.

Try to answer in full sentences and pay attention to your spelling and grammar.

Once you have answered all the questions, check your answers with the suggested answers.

<u>Les Animaux Domestiques</u>

Les animaux domestiques sont des animaux que nous gardons à la maison comme compagnons. Les chiens et les chats sont les animaux domestiques les plus populaires. Les chiens sont souvent utilisés comme animaux de compagnie, pour la sécurité, et pour aider les personnes handicapées. Les chats, quant à eux, sont souvent gardés pour leur compagnie et pour leur capacité à attraper des souris.

Les poissons, les hamsters, les lapins et les oiseaux sont également des animaux domestiques populaires. Les poissons sont conservés dans des aquariums, tandis que les hamsters et les lapins sont gardés dans des cages. Les oiseaux sont gardés dans des cages ou des volières.

Questions

1. Quels sont les animaux domestiques les plus populaires
   ?
2. Pourquoi garde-t-on des chiens ?
3. Pourquoi garde-t-on des chats ?
4. Quels sont les autres animaux domestiques populaires ?
5. Comment garde-t-on les poissons ?

Answers

1. Les animaux domestiques les plus populaires sont les
   chiens et les chats.
2. Les chiens sont gardés comme animaux de compagnie,
   pour la sécurité, et pour aider les personnes
   handicapées.
3. Les chats sont gardés pour leur compagnie et pour leur
   capacité à attraper des souris.
4. Les autres animaux domestiques populaires sont les
   poissons, les hamsters, les lapins et les oiseaux.
5. Les poissons sont gardés dans des aquariums.

Text Twenty

Read the following French comprehension text carefully.

Then answer the questions using the information provided in the text.

Try to answer in full sentences and pay attention to your spelling and grammar.

Once you have answered all the questions, check your answers with the suggested answers.

Le temps au Sénégal

Le Sénégal est un pays situé en Afrique de l'Ouest avec un climat tropical. Pendant la saison sèche de novembre à mai, il y a très peu de pluie et les températures sont chaudes et agréables, autour de 25 à 30 degrés Celsius. C'est une période idéale pour visiter le pays et ses sites touristiques tels que le parc national du delta du Saloum ou l'île de Gorée. En revanche, pendant la saison des pluies de juin à octobre, il y a des averses fréquentes et des risques d'inondations. Les températures restent élevées, mais l'humidité peut rendre l'atmosphère étouffante.

Questions

1. Où se situe le Sénégal ?
2. Quel est le climat au Sénégal ?
3. Quand est-ce qu'il y a des pluies au Sénégal ?
4. Quels sont les sites touristiques à visiter pendant la saison sèche ?
5. Comment est l'atmosphère pendant la saison des pluies ?

Answers

1. Le Sénégal est un pays situé en Afrique de l'Ouest.
2. Le climat au Sénégal est tropical.
3. Les pluies sont fréquentes pendant la saison des pluies de juin à octobre.
4. Pendant la saison sèche, il est idéal de visiter des sites touristiques tels que le parc national du delta du Saloum ou l'île de Gorée.
5. Pendant la saison des pluies, l'humidité peut rendre l'atmosphère étouffante malgré des températures élevées.

Text Twenty One

Read the following French comprehension text carefully.

Then answer the questions using the information provided in the text.

Try to answer in full sentences and pay attention to your spelling and grammar.

Once you have answered all the questions, check your answers with the suggested answers.

<u>Napoléon Bonaparte - Un grand Empereur français</u>

Napoléon Bonaparte était un homme politique et militaire français qui a vécu au 19ème siècle. Il est né en Corse en 1769 et a dirigé la France en tant qu'Empereur de 1804 à 1814. Pendant son règne, Napoléon a mené de nombreuses guerres et a étendu l'influence française en Europe. Il est également connu pour avoir introduit de nombreuses réformes importantes en France, notamment en matière d'éducation et de justice.

Questions

1. Qui était Napoléon Bonaparte ?
2. Où est-il né ?
3. Que faisait-il pendant son règne ?
4. Quelles étaient les réformes qu'il a introduites en France
   ?

Answers

1. Napoléon Bonaparte était un homme politique et
   militaire français.
2. Il est né en Corse.
3. Pendant son règne, Napoléon a mené de nombreuses
   guerres et a étendu l'influence française en Europe.
4. Il a introduit de nombreuses réformes importantes en
   France, notamment en matière d'éducation et de justice.

Text Twenty Two

Read the following French comprehension text carefully.

Then answer the questions using the information provided in the text.

Try to answer in full sentences and pay attention to your spelling and grammar.

Once you have answered all the questions, check your answers with the suggested answers.

Découvrir la cuisine québécoise

La cuisine québécoise est riche en saveurs et en traditions culinaires. Voici quelques plats typiques de la cuisine québécoise.

La poutine : un plat composé de frites, de fromage en grains et de sauce brune. Le sirop d'érable : produit emblématique du Québec, utilisé pour sucrer les plats ou pour faire des desserts. La tourtière : une tarte salée remplie de viande hachée et d'épices. Les cretons : une tartinade à base de porc haché, de pain et d'épices. La tire d'érable : une friandise sucrée faite de sirop d'érable bouilli.

1. Qu'est-ce que la poutine ?
2. Comment utilise-t-on le sirop d'érable dans la cuisine québécoise ?
3. De quoi est remplie la tourtière ?
4. Qu'est-ce que les cretons ?
5. Qu'est-ce que la tire d'érable ?

Answers

1. La poutine est un plat composé de frites, de fromage en grains et de sauce brune.
2. Le sirop d'érable est utilisé pour sucrer les plats ou pour faire des desserts dans la cuisine québécoise.
3. La tourtière est une tarte salée remplie de viande hachée et d'épices.
4. Les cretons sont une tartinade à base de porc haché, de pain et d'épices.
5. La tire d'érable est une friandise sucrée faite de sirop d'érable bouilli.

Text Twenty Three

Read the following French comprehension text carefully.

Then answer the questions using the information provided in the text.

Try to answer in full sentences and pay attention to your spelling and grammar.

Once you have answered all the questions, check your answers with the suggested answers.

<u>Le Parlement européen</u>

Le Parlement européen est une institution de l'Union européenne (UE) qui représente les citoyens de l'UE. Il est composé de députés élus au suffrage universel direct dans chaque État membre de l'UE. Le Parlement européen est responsable de l'adoption des lois européennes, de la supervision du budget de l'UE et de l'élection du président de la Commission européenne.

Les députés européens siègent dans des groupes politiques, qui sont souvent organisés en fonction de leur orientation politique. Les députés sont élus pour un mandat de cinq ans.

Le Parlement européen a une influence importante sur la législation européenne et peut proposer des modifications aux traités européens. Il travaille en étroite collaboration avec les autres institutions de l'UE, notamment la Commission européenne et le Conseil de l'Union européenne.

Questions

1. Qu'est-ce que le Parlement européen ?
2. Comment les députés européens sont-ils élus ?
3. Quelles sont les responsabilités du Parlement européen ?
4. Combien de temps dure le mandat d'un député européen ?
5. Avec quelles institutions l'Union européenne travaille-t-elle en étroite collaboration ?

Answers

1. Le Parlement européen est une institution de l'Union européenne qui représente les citoyens de l'UE.
2. Les députés européens sont élus au suffrage universel direct dans chaque État membre de l'UE.
3. Le Parlement européen est responsable de l'adoption des lois européennes, de la supervision du budget de l'UE et de l'élection du président de la Commission européenne.
4. Le mandat d'un député européen dure cinq ans.
5. L'Union européenne travaille en étroite collaboration avec d'autres institutions telles que la Commission européenne et le Conseil de l'Union européenne.

Text Twenty Four

Read the following French comprehension text carefully.

Then answer the questions using the information provided in the text.

Try to answer in full sentences and pay attention to your spelling and grammar.

Once you have answered all the questions, check your answers with the suggested answers.

<u>La Gaule</u>

La Gaule était une région située dans l'Europe occidentale. Elle correspondait à peu près à la France actuelle, ainsi qu'à certaines parties de la Belgique, de la Suisse et de l'Allemagne. Les Gaulois étaient les habitants de cette région, et ils parlaient une langue celtique.

Les Gaulois étaient connus pour leur culture avancée, leurs techniques de métallurgie et leur art. Ils étaient également connus pour leur courage et leur résistance face à l'envahisseur romain.

Cependant, après plusieurs siècles de résistance, la Gaule est finalement devenue une province romaine en 52 avant J.C. La civilisation romaine a alors influencé la culture et la langue de la région.

Aujourd'hui, la France possède encore de nombreux vestiges de l'histoire gauloise, tels que les célèbres menhirs et dolmens. La langue française, quant à elle, a également été influencée par la langue gauloise.

Questions

1. Où se situait la Gaule ?
2. Qui étaient les habitants de la Gaule ?
3. Qu'est-ce que les Gaulois étaient connus pour ?
4. Quelle civilisation a finalement conquis la Gaule ?
5. Quelles sont les traces de l'histoire gauloise en France aujourd'hui ?

Answers

1. La Gaule se situait dans l'Europe occidentale.
2. Les habitants de la Gaule étaient les Gaulois.
3. Les Gaulois étaient connus pour leur culture avancée, leurs techniques de métallurgie et leur art.
4. La Gaule a été conquise par la civilisation romaine.
5. Les traces de l'histoire gauloise en France aujourd'hui sont les vestiges tels que les menhirs et dolmens.

Text Twenty Five

Read the following French comprehension text carefully.

Then answer the questions using the information provided in the text.

Try to answer in full sentences and pay attention to your spelling and grammar.

Once you have answered all the questions, check your answers with the suggested answers.

<u>La Bouillabaisse</u>

La bouillabaisse est un plat traditionnel de la cuisine provençale, originaire de Marseille. C'est une soupe de poisson qui est préparée avec plusieurs variétés de poissons, comme le rouget, la lotte, le congre et le merlan. Les légumes tels que l'oignon, le fenouil, les tomates et les pommes de terre sont également ajoutés. La soupe est aromatisée avec des épices comme le safran et le persil, ainsi que de l'ail et de l'huile d'olive. La bouillabaisse est généralement servie avec des croûtons et une sauce appelée rouille.

Questions

1. D'où vient la bouillabaisse?
2. Quels types de poissons sont utilisés dans la bouillabaisse?
3. Quels légumes sont ajoutés à la soupe?
4. Comment la bouillabaisse est-elle aromatisée?
5. Avec quoi est généralement servie la bouillabaisse?

Answers

1. La bouillabaisse est originaire de Marseille, en Provence.
2. Plusieurs variétés de poissons sont utilisées dans la bouillabaisse, notamment le rouget, la lotte, le congre et le merlan.
3. Les légumes tels que l'oignon, le fenouil, les tomates et les pommes de terre sont ajoutés à la soupe.
4. La bouillabaisse est aromatisée avec des épices comme le safran et le persil, ainsi que de l'ail et de l'huile d'olive.
5. La bouillabaisse est généralement servie avec des croûtons et une sauce appelée rouille.

Text Twenty Six

Read the following French comprehension text carefully.

Then answer the questions using the information provided in the text.

Try to answer in full sentences and pay attention to your spelling and grammar.

Once you have answered all the questions, check your answers with the suggested answers.

<u>Les universités françaises</u>

La France est connue pour ses universités renommées dans le monde entier. Les universités françaises offrent une variété de programmes d'études dans divers domaines, y compris les sciences, les arts, les sciences sociales et plus encore. Les universités sont souvent situées dans des villes animées et offrent une expérience étudiante dynamique.

Il existe trois types d'universités en France : les universités publiques, les universités privées et les grandes écoles. Les universités publiques sont financées par l'État et sont ouvertes à tous les étudiants, tandis que les universités privées sont financées par des sources privées et sont souvent plus sélectives dans leur admission. Les grandes écoles sont des institutions spécialisées dans des domaines tels que l'ingénierie, le commerce et les sciences politiques.

Questions

1. Quels types d'universités existent en France ?
2. Comment sont financées les universités privées ?
3. Qu'est-ce que les grandes écoles ?

Answers

1. Il existe trois types d'universités en France : les universités publiques, les universités privées et les grandes écoles.
2. Les universités privées sont financées par des sources privées.
3. Les grandes écoles sont des institutions spécialisées dans des domaines tels que l'ingénierie, le commerce et les sciences politiques.

Text Twenty Seven

Read the following French comprehension text carefully.

Then answer the questions using the information provided in the text.

Try to answer in full sentences and pay attention to your spelling and grammar.

Once you have answered all the questions, check your answers with the suggested answers.

<u>Antoine de Saint-Exupéry, un écrivain et aviateur français</u>

Antoine de Saint-Exupéry est un écrivain et aviateur français né en 1900 à Lyon. Il est surtout connu pour son roman Le Petit Prince, mais il a également écrit plusieurs autres ouvrages, dont Vol de nuit, qui a remporté le prix Goncourt en 1931. Saint-Exupéry a travaillé comme pilote pour la compagnie aérienne Aéropostale, transportant du courrier entre la France et l'Afrique du Nord et l'Amérique du Sud. Pendant la Seconde Guerre mondiale, il s'est engagé dans l'armée de l'air française et a été abattu en vol en 1944.

Questions

1. Qui était Antoine de Saint-Exupéry ?
2. Quel est son livre le plus connu ?
3. Pour quelle compagnie aérienne Saint-Exupéry a-t-il travaillé ?
4. En quelle année Antoine de Saint-Exupéry a-t-il été abattu en vol ?

Answers

1. Antoine de Saint-Exupéry était un écrivain et aviateur français.
2. Son livre le plus connu est Le Petit Prince.
3. Saint-Exupéry a travaillé pour la compagnie aérienne Aéropostale.
4. Antoine de Saint-Exupéry a été abattu en vol en 1944.

Text Twenty Eight

Read the following French comprehension text carefully.

Then answer the questions using the information provided in the text.

Try to answer in full sentences and pay attention to your spelling and grammar.

Once you have answered all the questions, check your answers with the suggested answers.

<u>Le Louvre : Musée le Plus Visité au Monde</u>

Le Louvre est un musée situé à Paris, en France. Il est considéré comme l'un des musées les plus importants au monde en raison de sa riche collection d'œuvres d'art et d'antiquités. Le Louvre est également le musée le plus visité au monde, avec plus de 9 millions de visiteurs chaque année.

La collection du Louvre comprend plus de 35 000 œuvres d'art, allant de l'art égyptien ancien à l'art contemporain. Certaines des pièces les plus célèbres du musée sont la Joconde de Léonard de Vinci, la Vénus de Milo et la Victoire de Samothrace. Le musée abrite également une grande collection d'art islamique, de sculptures, de peintures et de bijoux.

Le Louvre est un musée immense, donc il peut être difficile de tout voir en une seule visite. Les visiteurs peuvent télécharger une application gratuite pour les aider à naviguer dans le musée et trouver les œuvres d'art qu'ils souhaitent voir. Il est également recommandé d'acheter des billets à l'avance pour éviter les longues files d'attente.

Questions

1. Où se trouve le Louvre ?
2. Pourquoi est-il considéré comme l'un des musées les plus importants au monde ?
3. Quelles sont certaines des œuvres d'art célèbres qui se trouvent au Louvre ?
4. Comment les visiteurs peuvent-ils trouver les œuvres d'art qu'ils souhaitent voir ?
5. Est-il recommandé d'acheter des billets à l'avance ?

Answers

1. Le Louvre se trouve à Paris, en France.
2. Le Louvre est considéré comme l'un des musées les plus importants au monde en raison de sa riche collection d'œuvres d'art et d'antiquités.
3. Certaines des œuvres d'art célèbres qui se trouvent au Louvre sont la Joconde de Léonard de Vinci, la Vénus de Milo et la Victoire de Samothrace.
4. Les visiteurs peuvent télécharger une application gratuite pour les aider à naviguer dans le musée et trouver les œuvres d'art qu'ils souhaitent voir.
5. Oui, il est recommandé d'acheter des billets à l'avance pour éviter les longues files d'attente.

Text Twenty Nine

Read the following French comprehension text carefully.

Then answer the questions using the information provided in the text.

Try to answer in full sentences and pay attention to your spelling and grammar.

Once you have answered all the questions, check your answers with the suggested answers.

<u>La Buche de Noël</u>

La bûche de Noël est un dessert traditionnel français qui est généralement consommé lors des fêtes de fin d'année. Cette pâtisserie a la forme d'une bûche, d'où son nom, et est généralement fabriquée à partir d'une génoise roulée garnie de crème au beurre ou de crème pâtissière.

La décoration de la bûche varie en fonction des goûts et des préférences, mais elle est souvent recouverte de crème au beurre et décorée de sucre glace pour simuler la neige. Certains ajoutent également des décorations comme des champignons en meringue ou des feuilles en chocolat.

La bûche de Noël est une tradition culinaire qui remonte au Moyen Âge en France. À l'époque, les bûches de bois étaient brûlées dans les foyers pour célébrer le solstice d'hiver. Aujourd'hui, la bûche de Noël est un dessert populaire dans de nombreux pays du monde entier.

Questions

1. Qu'est-ce que la bûche de Noël ?
2. Quel est l'ingrédient principal de la bûche de Noël ?
3. Comment est décorée la bûche de Noël ?
4. Depuis quand la tradition de la bûche de Noël remonte-t-elle ?

Answers

1. La bûche de Noël est un dessert traditionnel français.
2. La génoise roulée garnie de crème au beurre ou de crème pâtissière est l'ingrédient principal de la bûche de Noël.
3. La bûche de Noël est souvent recouverte de crème au beurre et décorée de sucre glace pour simuler la neige, et certaines personnes ajoutent également des décorations comme des champignons en meringue ou des feuilles en chocolat.
4. La tradition de la bûche de Noël remonte au Moyen Âge en France.

Text Thirty

Read the following French comprehension text carefully.

Then answer the questions using the information provided in the text.

Try to answer in full sentences and pay attention to your spelling and grammar.

Once you have answered all the questions, check your answers with the suggested answers.

<u>Le bilinguisme en Belgique</u>

La Belgique est un pays multilingue où les deux langues officielles sont le français et le néerlandais. Bien que ces deux langues soient largement parlées, il existe également des communautés germanophones. Les enfants en Belgique ont la possibilité d'apprendre une seconde langue dès l'école primaire, souvent l'anglais ou l'allemand.

En Belgique, la question du bilinguisme est très importante et il est courant d'entendre les gens parler deux langues dans leur vie quotidienne. De plus, il existe également des zones linguistiques où une langue est plus prédominante que l'autre. Par exemple, à Bruxelles, la capitale du pays, le français est la langue principale mais le néerlandais est également largement utilisé.

Le bilinguisme est également important sur le plan politique en Belgique. Les politiciens doivent souvent maîtriser les deux langues officielles pour être en mesure de communiquer efficacement avec leurs électeurs. Cependant, il y a encore des tensions entre les communautés linguistiques en Belgique, avec des questions relatives à la répartition du pouvoir et des ressources.

Questions

1. Quelles sont les deux langues officielles en Belgique?
2. Quelles sont les autres langues parlées en Belgique?
3. Les enfants en Belgique ont-ils la possibilité d'apprendre une seconde langue dès l'école primaire?
4. Dans quelle ville la langue française est-elle la plus parlée?
5. Pourquoi est-il important pour les politiciens en Belgique de maîtriser les deux langues officielles?

Answers

1. Les deux langues officielles en Belgique sont le français et le néerlandais.
2. Outre le français et le néerlandais, il existe également des communautés germanophones en Belgique.
3. Oui, les enfants en Belgique ont la possibilité d'apprendre une seconde langue dès l'école primaire, souvent l'anglais ou l'allemand.
4. À Bruxelles, la capitale du pays, la langue française est la plus parlée mais le néerlandais est également largement utilisé.
5. Il est important pour les politiciens en Belgique de maîtriser les deux langues officielles pour être en mesure de communiquer efficacement avec leurs électeurs, car les deux langues sont largement utilisées dans le pays.